Hanna kommt klar!

Impressum

Bibliografische Information der Deutschen Nationalbibliothek:

Die Deutsche Nationalbibliothek verzeichnet diese Publikation in der

Deutschen Nationalbibliografie; detaillierte bibliografische Daten sind

im Internet über http://dnb.dnb.de abrufbar.

Veronika Vollmer

Hanna kommt klar!

Dritter Band der „Heimo - Trilogie"

Veronika Vollmer

Psychologische Beraterin und ehrenamtliche
Sterbe- und Trauerbegleiterin

www.federnflug.de

Hanna kommt klar!

1. Kapitel

Mein Name ist Hanna. Ich bin die große Schwester von der 6jährigen Lucy und dem 10jährigen Heimo.

Heimo ist lebensverkürzend erkrankt. Er leidet an Muskelschwund und sitzt schon seit einigen Jahren im Rollstuhl.

Lebensverkürzend erkrankt — das hört sich nicht nur schrecklich an, sondern es ist schrecklich zu wissen, dass das Leben verkürzt ist, zu wissen, dass man früher sterben wird als andere Menschen. Das Ende des Lebens ist schon vorherbestimmt.

Ja ich weiß, jedes Leben endet mit dem Tod. Aber heute ist es keine Besonderheit mehr, 100 Jahre alt zu werden.

Wir aber wissen, dass Heimo niemals 100 Jahre werden wird. Er wird maximal 20% - 30% davon erreichen.

Und dann kommt noch das Wort *erkrankt* hinzu. Er wird leiden, seine Muskeln werden schwinden. Und dann verschwindet Heimo.

An manchen Tagen kann ich mit meiner Traurigkeit nicht umgehen. Ich könnte schreien vor Wut. Ich muss weinen vor Enttäuschung und frage mich: Was hat Heimo verbrochen? Warum muss er so leiden? Ich bekomme keine Antworten auf meine Fragen.

Ich bewundere Heimo für seine Stärke. Wie schafft er es, immer noch so glücklich zu sein, so voller Lebenslust?

Ich beneide Lucy um ihren Möppi. Möppi ist ihr imaginärer Freund, der bei uns im Garten wohnt. Er gibt ihr immer tolle Tipps und erzählt ihr vom Himmel.

2. Kapitel

Ich werde in 3 Wochen 13 Jahre alt. Eigentlich ein Grund zur Freude, denn ich bin dann kein Kind mehr, sondern ein Teenie. Meine Freundin Mailin ist gerade 13 Jahre geworden und sie hat das mit einer Pyjama-Party gefeiert. Wir haben alle bis spät in die Nacht gequatscht und uns über Jungs (natürlich über die coolen, die eine Klasse über uns sind) und über Klamotten unterhalten, uns YouTube Videos angeschaut und lautstark unsere Lieblingslieder gesungen.

Es war soooo schön, denn ich habe nicht an zu Hause gedacht.

Mama fragt mich immer wieder, wie ich meinen Geburtstag feiern möchte und was ich mir wünsche.

Ich wünsche mir, dass Heimo gesund wird.

Es kommt ja auch mal zu Spontanheilungen, das habe ich beim Zahnarzt in einer Zeitschrift gelesen. Wenn mir das einer schenken könnte, wäre das ein Traum.

Wahrscheinlich bleibt es aber bei einem Traum.

Meine Oma erzählte mir von ihrer Schulfreundin Mecki, die damals auch so etwa in meinem Alter gewesen sein muss. Mecki hatte einen jüngeren Bruder, der sehr krank war. Die Ärzte gingen damals davon aus, dass er an einem Gehirntumor leiden müsste. Werner fiel immer wieder einfach um und mit ca. 5 Jahren konnte er gar nicht mehr laufen.

Das ist aber schon über 50 Jahre her. Es gab damals noch kein MRT, auf dem man sehen konnte, ob da ein Tumor im Kopf ist.

>*Und so funktioniert ein MRT*

Die Magnetresonanztomographie (MRT) ist ein bildgebendes Untersuchungsverfahren: Unter Einsatz von Magnetfeldern wird das Körperinnere Schicht für Schicht sichtbar gemacht. <

Werner wurde dann in eine Kinderklinik gebracht, die so 30 km von zu Hause entfernt war. Die Familie besaß kein Auto und die

Fahrten mit dem Zug konnten sie sich auch nicht immer leisten. Die Besuchszeit war damals nur Sonntag nachmittags. Mecki fuhr dann oft mit dem Fahrrad zu ihrem Lieblingsbruder. Der Kleine lag lange dort und es wurden viele Tests gemacht. Wenn Mecki montags zur Schule kam, war sie unendlich traurig. Sie hatte Angst um ihren Bruder.

Sie ging in die Kirche und betete. Sie bat Gott um Hilfe. Sie hatte im Religionsunterricht etwas von einem Gelübde gehört. Sie erzählte ihren Freundinnen, dass sie jetzt ein Gelübde abgelegt habe, das aber nur sie selbst und Gott kennen würde.

Durch die vielen Tests wurde dann bei Meckis Bruder eine Hüfterkrankung festgestellt. Er wurde operiert und nach einigen Wochen konnte er endlich wieder nach Hause. Es dauerte noch Monate, bis er wieder richtig laufen konnte. Mecki wurde wieder ein fröhliches Mädchen und hatte wieder Spaß am Leben.

3. Kapitel

"Oma, was ist ein Gelübde?"

"Ein Gelübde ist ein Versprechen, das man gibt und auch halten sollte. Dies gibt es in der katholischen Kirche. Also ein Versprechen, das man Gott gibt, wenn man um etwas bittet."

"Dann könnte ich mir doch auch wünschen, dass Heimo wieder gesund wird. Was muss ich tun? Muss ich katholisch werden oder erfüllt Gott auch evangelischen Menschen diesen Wunsch? Bitte Oma, was kann ich tun?"

"Ach, meine liebe Hanna. Ich habe schon zu Gott gebetet, aber Heimos Krankheit ist nicht heilbar. Die Medizin ist schon so weit, dass er jetzt länger leben wird als noch vor 30 Jahren. "

"Oma, ich bin so unglücklich. Ich möchte so gerne vergessen, dass Heimo sterben wird."

"Heimo ist nie unglücklich. Er genießt sein Leben und wie er immer sagt: *Meine Lebenszeit ist zwar kürzer als eure, aber ich genieße jeden geschenkten Augenblick mit euch.* Hanna, er will nicht, dass wir traurig sind. Sein Seelenplan sieht so aus, dass er früher wieder zurück ins Seelenland gehen darf. Und wenn du mehr darüber erfahren möchtest, dann geh zu Sieglinde und Enno."

4. Kapitel

"Hanna, weißt du nun endlich, was du dir zu deinem Geburtstag wünschst?" will Mama wissen.

"Mama, Mama ich weiß es," ruft Heimo "sie wünscht sich einen grasgrünen Regenschirm, mit kleinen blaugepunkteten Elefanten darauf."

"Nein, Heimo sei nicht so gemein", meint Lucy und schmiegt sich an Hanna.

"Sie wünscht sich ein Pony."

"Ein Pony?" prustet Heimo los, "Hanna hat doch sooo lange Beine, wie soll das gehen?"

"Habt ihr noch nie etwas vom Pony-Rollschuhsport gehört? Und bevor ihr fragt, wer die Rollschuhe anzieht - natürlich Hanna," kommentiert Opa.

"Opa, du bist der Beste." Dabei tanzt Hanna durch das Wohnzimmer.

"Mama, was hast du Hanna in den Kakao getan? Das will ich auch haben," feixt Heimo und bittet Oma zum Tanz.

Papa Jens öffnet ganz vorsichtig die Tür und geht auf seine Frau Karla zu und flüstert ihr etwas ins Ohr. Sie schleichen sich aus dem Zimmer. Die anderen sind so sehr mit sich beschäftigt, dass sie das nicht bemerken.

"Manchmal frage ich mich, wie Heimo es schafft, so glücklich zu sein. Woher nimmt er diese Zuversicht, diese Unbeschwertheit? Er ist der Mittelpunkt unserer Familie."

"Jens, er gibt uns jetzt so viel. Es werden Zeiten kommen, in denen er uns braucht und dann geben wir ihm etwas zurück von dem, was er uns heute gibt."

"Hey, was macht ihr vor der Tür? Die Party findet hier statt! " Lucy zieht ihre Eltern wieder ins Zimmer.

"Papa, Papa hast du schon gehört, was Hanna zum Geburtstag haben möchte?" bringt Heimo mit Tränen in den Augen hervor, "du musst es raten. Da kommst du nie drauf."

Hanna knufft Heimo. Es wird ganz still. Alle Augen sind auf Papa Jens gerichtet.

"Ich muss mal überlegen. Als ich 13 wurde habe ich mir einen Hund gewünscht, aber nur einen aus Plüsch bekommen. Vielleicht wünscht sich Hanna mit 13 auch einen Hund."

Oma fällt Jens ins Wort: "Das hättest du wohl gerne. Aber deine kleine Hanna wird erwachsen und braucht keinen Plüschhund."

"Erwachsen, oh nein, ich bin doch noch ein Kind und ein wenig möchte ich es auch noch bleiben," denkt Hanna .

"Ich wünsche mir Inliner."

"Ohne Pony?" kommt ganz enttäuscht von Heimo, um aber im nächsten Moment freudestrahlend zu sagen: „Gute Wahl! Dann können wir ein Rennen auf der Straße austragen."

5. Kapitel

Zwei Tage vor Hannas Geburtstag geht es Heimo nicht so gut. Er hat Kopfschmerzen und sein Körper tut ihm weh. Er mag nicht aufstehen und zur Schule gehen.

"Was ist mit Heimo," will Lucy wissen. „Warum kommt er nicht zum Frühstück?"

"Heimo fühlt sich nicht wohl. Aber du musst dich beeilen, damit du pünktlich zur Schule kommst."

"Mama, ich bin noch nie allein ohne Heimo zur Schule gegangen. Ich bleibe bei Heimo."

Es klingelt an der Tür und Thilo, Heimos Bufdi (Bundesfreiwilligendienstler),steht vor der Tür.

"Heimo, geht es nicht gut," sagt Mama Karla zu Thilo.

"Ok, dann bleibe ich hier, und wenn er mich braucht, bin ich da."

"Und du Lucy, komm in die Pötte, du musst los," mahnt Mama.

Mit Tränen in den Augen fragt Lucy: "Mama, Heimo wird doch wieder gesund?"

Mama nimmt Lucy in den Arm und wischt ihr die Tränen ab. "Na klar doch. Wahrscheinlich geht es ihm später schon wieder besser. Jetzt aber los."

6. Kapitel

Heimo ist durch sein geschwächtes Immunsystem anfälliger für Krankheiten, auch für Kinderkrankheiten. Heimo hat Scharlach, sein bester Freund Tonno auch. Sie haben sich in der Schule bei einem Mitschüler angesteckt.

Während es Tonno noch recht gut geht, muss Heimo ins Krankenhaus. Er hat sehr hohes Fieber bekommen.

Natürlich hat Hanna keine Lust, ihren Geburtstag zu feiern und will ihn einfach so lange verschieben, bis Heimo dabei sein kann.

"Hanna, man kann seinen Geburtstag nicht so einfach verschieben, denn der steht nun mal fest. Ich verstehe aber, dass du im Moment nicht feiern möchtest. Aber Oma hat deinen Geburtstagskuchen schon fertig und freut sich schon auf das übliche Ritual am frühen Morgen. Und da es auch noch Wochenende ist, haben wir Zeit für ein gemütliches Frühstück. Und danach fahren wir beide und Oma zu Heimo. Versprochen!"

"Ach Opa. Ihr seid so lieb. Jetzt freue ich mich doch. Danke!" Hanna gibt ihrem Opa einen Kuss auf die Wange.

7. Kapitel

Wie zu jedem Geburtstag kommt Mama mit dem Geburtstagskuchen mit einer Kerze singend in mein Zimmer, gefolgt von Papa und Lucy. Papa hält unser Telefon nach oben gestreckt in der Hand. Tränen fließen über mein Gesicht, als ich Heimos krächzende Stimme höre. Papa reicht mir das Telefon und Heimo brüllt ins Telefon: „Herzlichen Glückwunsch große Schwester. Ich wollte nur Bescheid sagen, dass ihr den Kuchen nicht komplett aufessen sollt. Lasst mir ein Stück übrig."

"Heimo, Heimo, ich bin zwar älter, aber nicht taub geworden. Selbstverständlich lassen wir dir ein Stückchen übrig, beeil dich mit dem gesund werden."

"Mach ich. Tschüss"

Jetzt ist Hanna ein Teenie. Von Mama und Papa hat sie neue Inliner, und von Oma und Opa hat sie einen Gutschein für einen Shopping Ausflug ins Outlett Center bekommen. Da wollte sie immer schon mal hin. Oma freut sich schon darauf, ihr ein neues Outfit zu schenken.

Lucy hat ein Bild von allen Familienmitglieder gemalt und darunter steht: für unsere liebste große Schwester. "Das ist von Heimo und mir. Wir haben das zusammen gemalt, bevor er ins Krankenhaus musste."

"Danke Lucy. Das werde ich meinem Zimmer aufhängen. Ich bin so froh, dass es euch gibt."

"Ach Hanna, als Teenie gibt's natürlich auch eine Party. Nein, wir fliegen nicht auf den Hexenbesen, sondern fahren nach Hamburg in den "Planten und Blomenpark" auf die Rollschuhbahn. Da kann Lucy Rollschuh laufen, Heimo Rolli fahren und Mama holt ihre alten Inliner raus und fährt auch. Was hälst du davon?"

"Das finde ich genial," freut sich Hanna.

8. Kapitel

Hannas Geburtstag war schön, aber es war alles anders, so ohne Heimo. Beim Auspusten der Kerze hat sie sich gewünscht, dass sie noch viele Geburtstage mit Heimo feiern darf.

Hannas beste Freundin Mailin kam abends noch vorbei und hat sie getröstet. Sie ist froh, dass Mailin ihre Freundin ist. Mit ihr kann man über alles reden. Sie ist nicht so oberflächlich und interessiert sich nicht nur für den coolsten Sänger oder den tollsten Lippenstift.

"Mailin, glaubst du an Gott?"

"Ich bin nicht getauft, weil meine Eltern das nicht wollten. Bei uns zu Hause wird aber viel über den Glauben gesprochen. Ich denke, wir sind gläubig, gehören nur zu keiner Kirche. Muss man zu einer Kirche gehören, um gläubig zu sein?"

"Weiß nicht. Es heißt Glaubenskriege und nicht Kirchenkriege. Warum ist das so?"

„Kirchenkriege hört sich doof an. Aber wer steckt hinter diesen Kriegen? Die einzelnen Gläubigen sind das doch auch nicht."

"Mailin, ich möchte etwas anderes wissen. Glaubst du an Reinkarnation? Glaubst du, dass wir wiedergeboren werden?"

"Doch, ich kann mir das gut vorstellen. Mir ist das schon passiert, dass ich eine Person sehe und denke: "Du kommst mir aber bekannt vor." Das passiert aber nur, wenn wir uns direkt in die Augen schauen."

"Findest du das spuki?"

"Spuki, was ist das denn?"

"Oma sagt das immer, wenn etwas nicht greifbar oder nicht nachvollziehbar ist. Zum Beispiel Lucys Möppi. Ich habe den noch nicht gesehen. Oma auch nicht oder doch? Sie sagt aber auch, dass sie früher ebenfalls einen imaginären Freund bei uns im Garten hatte."

"Hanna, jetzt weiß ich, was du damit meinst. Dann fällt darunter auch, wenn jemand etwas vorhergesagt hat und das dann eintritt."

"Heimo ist immer glücklich, obwohl er weiß dass er früh sterben wird. Er hat Schmerzen und tröstet uns noch. Wie kann das sein? Oma sagt, dass Heimo seinen Seelenplan kennt und keine Angst vor dem Tod hat."

"Hanna, lass uns morgen darüber sprechen. Es ist spät und ich muss jetzt nach Hause. Tschüss. "

9. Kapitel

Walli vom ambulanten Kinderhospizdienst „Die Muschel" kommt heute Nachmittag, um mit Lucy etwas zu unternehmen.

„Mama, ob ich wohl auch jemanden von der Muschel zum Reden bekommen könnte. Oder ob ich wohl mal zu Sieglinde und Enno gehen kann? Ich habe so viele Fragen."

"Ich gehe heute noch zu den Beiden. Hanna, soll ich sie mal fragen?"

"Gerne, das wäre echt super."

Morgens gibt's immer die Infos für den Tag:

"Lucy, ich hole dich heute Nachmittag aus dem Hort. Hanna, du bist jederzeit bei Sieglinde und Enno willkommen. Ach, und das Wichtigste: Heimo kommt nach Haus. Er wird gegen Mittag gebracht. Oma und Opa sind dann da."

"Yippie, yippie, yeah," hört man von Lucy und mir.

Opa kommt zur Tür herein: "Wo sind die Indianer?"

"Ihr müsst euch etwas beeilen. Hanna, für dich wird es allerhöchste Zeit," treibt Mama uns an.

10.Kapitel

Ich beeile mich, damit ich schnell zu Hause bin. Mit einem "Heimo, wo bist du?" laufe ich in die Küche. Da ist aber niemand. Keiner, auch nicht Oma oder Opa. "Wo seid ihr?" Mein Herz schlägt bis zum Hals, Tränen steigen in meine Augen, mein Verstand rattert. Ich habe Angst. Ich gehe in jedes Zimmer. Niemand ist da.

Weinend flitze ich zu Oma und Opa rüber. "Oma, warum ist Heimo nicht da?"

Oma kommt und sieht meine Tränen. Sie nimmt mich in den Arm. "Ach, mein Mäuschen, Heimo wird etwas später gebracht. Es ist alles in Ordnung."

"Hanna, mach dir nicht so viele Sorgen. Heimo ist ein Kämpfer. Ich glaube, du solltest wirklich mal mit Sieglinde und Enno sprechen. Du darfst nicht immer so eine Angst haben. Du bist jetzt meine kleine Teenie Maus, für die jetzt ein neuer Lebensabschnitt beginnt.

Genieß dein Leben, denn diese Zeit kommt nicht wieder. "

"Hallo, ist denn hier niemand zu Hause? Wo ist das Empfangskomitee? Palim palim, wo seid ihr?" schallt es aus dem Garten.

Opa kommt aus seiner Werkstatt und hat eine Holzratsche in der Hand. Sie ist ein wenig größer als die üblichen. Opa hat die natürlich selbst gebaut und hat "FÜR UNSEREN HEIMO, DEN WIR ALLE SEHR LIEB HABEN" darauf geschrieben.

Er geht mit der Ratsche - ratschend - auf Heimo zu und überreicht ihm feierlich die Ratsche. "Herzlich willkommen. Und wenn du jetzt mal irgendwann Hilfe von uns brauchst, dann benutze das Ding "

„Oh, wie cool ist das denn. Danke, ihr seid so lieb."

Er rollt auf Hanna zu und umarmt sie. Er flüstert ihr etwas ins Ohr und sie strahlt wieder.

11. Kapitel

Hanna war schon längere Zeit nicht bei Sieglinde und Enno. Sie hat ein eigenartiges Gefühl im Bauch, als sie an der Tür klingelt.

"Warum habe ich dieses Gefühl? Was ist mit mir los? Ich kenne die beiden doch schon mein ganzes Leben."

Sieglindes warme, freundliche Stimme holt Hanna aus ihren Gedanken zurück.

"Hanna, wir freuen uns so sehr, dass du zu uns gekommen bist," kommt von Sieglinde und dabei umarmt sie Hanna.

Eigentlich mag sie nicht von anderen, außer der eigenen Familie, umarmt werden, aber Hanna genießt es. Es geht so eine herzliche Wärme von Sieglinde aus.

"Darf ich dich auch umarmen. Ich muß ja erstmal fragen, denn du bist ja schon fast eine junge Dame," meint Enno. Statt zu antworten, geht Hanna auf Enno zu und umarmt ihn. Auch von Enno geht etwas Herzliches, Friedliches aus.

"So, jetzt wollen wir erstmal einen Tee trinken und Sieglindes leckeren Käsekuchen essen." Mit diesem Satz schiebt Enno Hanna Richtung Tisch und ganz nach alter Schule schiebt er ihr den Stuhl unter den Po.

Die Zeit verfliegt. Es ist so schön hier.

"Liebe Hanna, wir haben erfahren, dass du dir sehr viele Gedanken und auch Sorgen um Heimo machst. Es ist für dich, aber auch für deine Familie schwer, mit dem Gedanken umzugehen, dass Heimo nicht so alt werden wird. Du empfindest das im Moment noch viel schlimmer als die anderen."

"Ja, das stimmt. Manchmal frage ich mich, ob die anderen das nicht realisieren. Ok, das Lucy das Ausmaß seiner Krankheit noch nicht versteht, kann ich nachvollziehen, denn sie kennt Heimo fast nur im Rollstuhl. Und wenn ich traurig bin, sagt sie mir, dass ich zu Möppi gehen soll. Aber ich kann Möppi nicht finden."

"Hanna, wie geht's in der Schule? Wie läuft es mit deinen Klassenkameraden?" will Enno wissen.

"In der Schule habe ich keine Probleme. Na ja mit der Physik stehe ich ein wenig auf dem Kriegsfuß, aber sonst ist alles ganz passabel."

"Ich habe gehört, dass Mailin und du die Jüngsten in der Klasse seid. Merkst du da einen Unterschied zu den anderen?"

"Nein Sieglinde, die Jungs sind noch richtig verspielt. Ja, ein paar von den Barbies meinen, sie wären schon erwachsen. Sie stehen morgens eine Stunde früher auf, damit sie gestylt zur Schule kommen. Wenn sie die Stunde mit Lernen verbringen würden, hätten sie mehr davon. Immer möchten sie von uns abschreiben oder etwas erklärt haben. Und wenn wir nein sagen, dann sind wir die Babys. Das stört uns aber nicht, denn Mailin und ich können uns über andere Dinge unterhalten, wie zum Beispiel Themen aus dem Philosophieunterricht."

"Das zeugt davon, dass ihr zwei schon reifer seid. *Mit roten Lippen wird man auch nicht reifer*, hat mein Vater immer zu meiner Schwester gesagt," sagt Enno und muss dabei herzhaft lachen.

"Hanna, du bist jetzt in der Pubertät, und da spielt der Körper verrückt. Deine Stimmung schwankt von himmelhoch jauchzend bis zu tode betrübt.

Und du hinterfragst: Warum ist Heimo so krank? Warum wird er früher sterben müssen? Welchen Sinn hat das Leben?"

"Ja Enno, so geht es mir. Manchmal finde ich das Leben schön, selbst wenn es regnet und dann könnte ich im nächsten Moment heulen und weiß nicht warum. Dann finde ich alles und alle doof."

"Da mussten wir auch alle durch. Es ist so, dass Körper und Verstand nicht auf dem gleichen Level sind. Es dauert auch etwas, bis die beiden wieder im Gleichgewicht sind."

"Hanna, bei dir gestaltet sich das noch schwieriger, da Heimo lebensverkürzend er-krankt ist. Du möchtest jemanden dafür verantwortlich machen, aber es gibt nie-manden, den du verantwortlich machen kannst. Und wir Menschen sind so gestrickt, dass wir dann Gott verantwortlich machen. Der kann sich ja nicht wehren. Erst beten wir zu ihm und dann schimpfen wir auf ihn. Aber ist es wirklich Gott, der dafür verantwortlich ist oder sind wir das selber?"

"Enno, wir selber? Wie soll das gehen? Wie soll Heimo für seine Erbkrankheit selbst verantwortlich sein?"

"Das erklärt dir Sieglinde, die kann das viel besser als ich."

"Hanna, schließ mal deine Augen und stell dir vor, du sitzt in der Badewanne mit viel Schaum. Nimm etwas Schaum und puste. Es entstehen kleine Schaumwölkchen. Und jetzt stell dir vor, dass der Schaum die Gemeinschaft aller Seelen ist und die kleinen Schaumwölkchen einzelne Seelen sind."

"Ja, als Lucy letztens in der Wanne saß, hat sie auch so etwas erzählt und gesagt nächstes Mal möchte sie den Duft aussuchen, denn sie möchte süßen Duft haben," platzt es aus Hanna hervor.

"Lucy hat noch ein wenig den „offeneren Blick", sie ist noch nicht so 'verkopft', sie hat auch ihren imaginären Freund Möppi, der ihr viel Halt gibt. Du musstest miterleben, wie aus Heimo ein kranker Junge wurde. Das macht es für dich viel schwerer, " wirft Enno ein.

"Also jetzt wieder zu den kleinen Schaum-wölkchen, die wir Seelenanteile nennen. Ich male dir das mal auf.

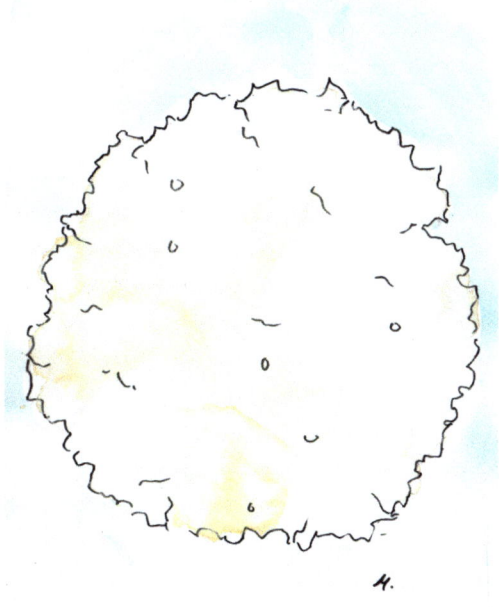

Hier in dieser großen Schaumwolke sind viele kleine Seelenanteile. Jeder dieser Seelenanteile hat eine Aufgabe, die sie auf der Erde erledigen möchte, um dann wieder zurück zur großen Schaumwolke zu gelangen."

"So und hier siehst du, wie sich ein Seelenanteil auf den Weg zu seiner neuen Erdenfamilie macht. Vorher hat er aber seine Aufgabe mit den anderen Seelenanteilen besprochen und sich die passenden Eltern für diese Aufgabe ausgesucht. Sagen wir mal, dieser Seelenanteil möchte Menschen helfen. Also sucht er sich z.B. eine Arztfamilie aus, denn dann kann er seine Aufgabe am ehesten erfüllen."

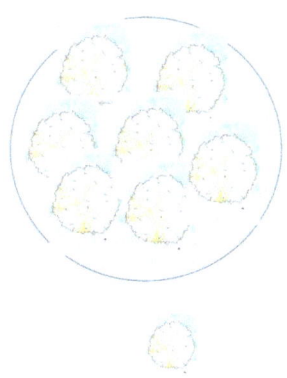

"Ok, bis dahin habe ich das verstanden und soll dass dann heißen, dass Heimo sich seine Lebensaufgabe auch selbst ausgesucht hat? Dass er wirklich leiden und früher sterben will?"

"Ja, aber glaubst du dass Heimo leidet? Ich sehe ihn immer nur, wenn er lacht," meint Enno.

"Da Heimo an einer Erbkrankheit erkrankt ist, hat er sich auch Karla und Jens als Eltern ausgesucht. Möglich ist auch, dass du ein Seelenanteil der selben Seele bist und Heimo bei dieser Aufgabe zur Seite stehst. Schade ist nur, dass man diese Lebensaufgaben vergisst bzw. sich nicht mehr daran erinnern kann. Jüngere Kind können das manchmal noch."

"Ja, das ist ein schöner Gedanke, dass ich Heimo dabei zur Seite stehe."

"Schau mal Hanna. Hier siehst du, dass es noch weitere Seelen gibt, die wiederum zu Seelenfamilien zusammen gehören und unendlich viele Seelenfamilien 'leben' im Seelenland."

"Wie ist es im Seelenland? Ich glaube, ich muss das alles noch sacken lassen. Vielen Dank, Sieglinde und Enno. Darf ich die Bilder mitnehmen und darf ich wiederkommen? Ich fühle mich gerade glücklich und könnte die ganze Welt umarmen."

"Ich bin die Welt," ruft Enno und breitet die Arme aus. Hanna läuft hinein und verabschiedet sich herzlich.

12. Kapitel

Das Gespräch mit Sieglinde und Enno hat Hanna sehr gut getan. Sie ist viel fröhlicher und entspannter. Sie genießt das Leben und denkt nicht immer wieder an Heimos Erkrankung.

Ihre Geburtstagsfeier im Skaterpark hat allen viel Spaß gemacht. Auch Mama Karla war sehr ausgelassen. Als sie mal wieder bei Sieglinde und Enno war, wollte sie wissen, welchen Zaubertrank Hanna bekommen hat, denn den wollte sie auch haben. "Da musst du sie schon selber fragen, " gab es Antwort von Enno.

"Ich möchte zu Sieglinde und Enno. Ist das okay? Ich habe bei den beiden schon angerufen und sie haben Zeit für mich."

"Na klar und grüß ganz lieb," antwortet Mama.

"Mach ich. Tschüss."

13. Kapitel

Hanna steht vor Sieglinde und Ennos Haus.

Sie hat ein Kribbeln im Bauch und freut sich auf die zwei. Die Begrüßung ist sehr herzlich und Sieglinde gibt ihr einen Becher in die Hand auf dem „Zaubertrank" steht. Hanna schaut Enno mit einem großen Fragezeichen im Gesicht an, der ihr daraufhin erklärt, dass ihre Mutter auch etwas von dem Zaubertrank haben möchte.

"Welcher Zaubertrank?" fragt Hanna. "Oh man, bin ich begriffsstutzig. Ja, der Zaubertrank, den ihr für mich letztes Mal gebraut habt."

Sie müssen alle drei so herrlich lachen, so dass sie mit Tränen in den Augen am Tisch sitzen und ein wenig Zaubertrank (in Form von Hagebuttentee) trinken.

"Hanna, hast du Fragen zu unserem letzten Treffen," will Enno wissen.

"Ja viele. Aber erstmal muss ich wissen, wieso ihr so etwas wisst."

"Also, es war einmal vor langer Zeit..."

"Ein Märchen..."

"Sei doch nicht so ungeduldig!" beantwortet Sieglinde Hannas Einwurf.

"...vor langer Zeit hatte Enno einen Unfall und die Ärzte gaben ihm nicht viel Hoffnung. Er war an vielen Schläuchen angeschlossen. Es sah wirklich schlimm aus, wie er da so lag. Ich bettelte ihn an, nicht zu gehen."

"Ok, es schien so, dass ich die Erde verlassen, also sterben sollte. Also mein Körper würde auf der Erde zurückbleiben, und meine Seele dürfte dahin, wo es sich unbeschreiblich schön anfühlt. Ich hatte keine Schmerzen und...Ich kann es nicht in Worte fassen, denn für dieses Gefühl gibt es keine Worte. Hier wollte ich bleiben, aber irgendetwas in mir hatte das Gefühl, noch etwas erledigen zu müssen und zog mich wieder in meinen Körper. Ich wehrte mich, aber es war zwecklos," erzählt Enno.

"Und ich war nur glücklich, dass er wieder zu Bewusstsein kam. Wir haben dann verschiedene Bücher zu dem Thema Nahtoderlebnis gelesen, denn das war es, was Enno erlebt hatte."

"Hui, das hört sich ja abgefahren an oder besser spuki. Und dann, was passierte dann?" will ich ungeduldig wissen.

"Wir haben uns dann intensiv miteinander unterhalten und dabei kam auch heraus, dass Sieglinde früher schon Dinge im voraus gesehen hat. Als sie einmal solch eine Vorahnung ihrem Vater erzählte - die dann auch ganz genau so passierte - wurde er wütend und sagte, dass sie mit dem Quatsch aufhören sollte. Früher wäre sie dafür als Hexe verbrannt worden."

"Und von da an erzähle ich niemandem mehr davon," vervollständigt Sieglinde Ennos Erzählung.

"Das ist ja krass, " entfährt es Hanna.

"Seit dieser Zeit ist uns bewusst geworden, welche Lebensaufgabe wir beide haben. Wir können den Menschen nicht die Angst vor dem Tod nehmen, aber wir können dafür sorgen, dass das Thema Tod nicht weiter tabuisiert wird. Mit dem Tod ist auch die Trauer verbunden. Und auch diese muss jedem Menschen zugestanden werden, egal wie lange sie dauert und auch, dass sie nicht ansteckend ist. Es braucht niemand die Straßenseite zu wechseln, wenn ihm ein trauernder Mensch entgegenkommt. Ein Lächeln, ein freundlicher Gruß oder eine Umarmung reichen vollkommen aus.

"Ihr seid so tolle Menschen. Jetzt verstehe ich auch eure spontanen Einladungen. Lucy war mit Mama bei euch, kurz nachdem Tante Käthe gestorben ist. Sie hat mir von der Seele erzählt und dass man bei den Menschen keine Batterien auswechseln kann, wie bei ihrer Puppe. Sie sagt auch, dass nur ihr sie versteht."

"Lucy hat den Zugang zur geistigen Welt noch ein wenig offen. Aber auch sie wird bald alles vergessen haben, da die 'weltliche' Welt sie bald davon abbringen wird, diesen Zugang offen zu halten," antwortet Enno.

"Kann man da gar nichts machen?"

"Doch, es ändert sich schon etwas. In einigen Grundschulen wird bereits ab der ersten Klasse Philosophie unterrichtet," entgegnet Sieglinde.

"Davon hat Lucy noch nichts erzählt; also gibt es das in ihrer Klasse noch nicht. Das ist echt schade."

"Sieglinde, Enno, ich habe soviel von euch gelernt. Und wenn ich jetzt noch Physik verstehen würde, wäre mein Leben wunderbar."

"Wo liegt das Problem, Hanna? Weißt du denn gar nicht, welchen Beruf Sieglinde hat?" will Enno wissen. "Sie ist Physikerin und zwar eine brillante. Und ich bin fest davon überzeugt, dass sie dir Physik erklären kann."

"Sieglinde, würdest du mir helfen? Wir schreiben nächste Woche eine Arbeit. Und mein Kopf hat das Thema noch nicht aufgenommen."

"Na klar Hanna, das macht mir doch auch Freude, wenn ich dir helfen kann. Komm morgen vorbei und ich erkläre es dir."

"Super, ich freue mich. Ich muss jetzt aber los. Tschüß."

14. Kapitel

Als Hanna am nächsten Tag zu Sieglinde und Enno geht, hat sie das Gefühl, dass sie viel reifer geworden ist. Reifer an Wissen, Wissen was wirklich wichtig ist. Vielleicht wichtiger als manch 'unnötiges' Wissen, das man in der Schule eingebläut bekommt - wie zum Beispiel Physik.

Sie klingelt an der großen Tür, Enno öffnet ihr. Es gibt erst einen 'Zaubertrank' (ob der auch bei Physik wirkt) und dann gibt sie Sieglinde das Physikbuch und zeigt ihr, was sie bis zur Arbeit drauf haben muss.

Sieglinde erklärte es mir und ich verstehe alles. Sie erklärt es viel einfacher.

"Hanna merke dir. Alles was im Leben Spaß macht, geht leichter. Mir macht Physik Spaß und aus diesem Grunde bin ich Physikerin geworden. Es wurde mein Beruf, weil ich mich dazu berufen gefühlt habe. Wenn es nach meinen Eltern gegangen wäre, dann hätte ich mein Leben in ihrem Schuhgeschäft verbracht. Das wollte ich aber auf keinen Fall. Ich habe gepaukt, damit ich ein sehr gutes Abitur machen konnte. Meine Physiklehrerin, Fräulein Mühlencord, riet meinen Eltern dazu, mich studieren zu lassen."

"Es kann aber sein, dass man in jungen Jahren noch gar nicht genau weiß, was man werden möchte und einen Beruf erlernt, der einem später gar nicht mehr gefällt, dann hat man immer noch die Chance, noch einmal etwas Neues zu lernen, denn es gibt sicher nichts Schlimmeres, als in einem Beruf zu arbeiten, der einen krank macht, z.B. die Kassiererin, die sich lieber um alte demenzkranke Menschen kümmern möchte," erklärt Enno.

"Oh ja, das verstehe ich. Mein Vater würde lieber als Tischler arbeiten, anstatt immer unterwegs zu sein und in den Firmen ein EDV Programm erklären zu müssen. Aber er sagt, dass er da gutes Geld verdient und schließlich eine Familie ernähren muss. Am Wochenende oder im Urlaub zieht er sich gern in Opas Bastelhütte zurück. Als ich kleiner war, hat er mir ein Stück frisches Holz gegeben und gesagt: „Riech mal: Das ist der Duft von Leben."

"Hanna, vielleicht fragst du deinen Vater, was ihn wirklich daran hindert Tischler zu werden," merkt Enno an.

"Das werde ich machen. Ich muss jetzt los. Ich habe Heimo versprochen, dass wir mit Inlinern losfahren; besser ich Inliner und er Rolli. Danke für alles."

15. Kapitel

„Yippie, sie kommt endlich!" ruft Lucy und läuft ihr entgegen.

"Beeil dich, wir wollen doch zum Spielplatz. Wir warten schon so lange auf dich."

"Das kann gar nicht sein. Ich bin nur 5 Minuten zu spät. Wo ist Heimo, wo sind meine Inliner?"

Heimo kommt mit den Inlinern in der Hand: "Hier sind sie, du lahme Kröte."

"Na warte, dir werd ich es zeigen, wer hier lahm ist." Mit diesen Worten packt Hanna ihre Schuhe in die hintere Tasche vom Rolli und zieht die Inliner an.

Gut, dass wir in einer Sackgasse wohnen - die dann auch noch eine Spielstrasse ist - so dass wir wirklich sicher die Straße runterfahren können.

"Auf die Plätze, fertig, los!" brüllt Heimo mit voller Lautstärke und rast los. Lucy mit ihren Rollschuhen, die nicht so schnell sind, hinterher. Und dann komme ich, überhole Lucy und setze zum Spurt an, da ruft Heimo: "Vorsicht… Strohhalm… ". Mehr kann man nicht mehr verstehen. Es hört sich wie 'ausgetrickst' an. Natürlich ist er dadurch der Schnellste; natürlich hätte ein Strohhalm mich nicht ausgebremst, aber sein 'Vorsicht'. Was soll es. Die Hauptsache ist doch, dass wir darüber lachen können.

Durch einen kleinen Weg kommen wir zum Spielplatz, eigentlich eher ein Spielparadies. Vor ein paar Jahren hat ein anonymer Spender diesen Platz nach seinen Vorstellungen anlegen lassen. Vorher war dort ein Sandkasten, der nur noch von den Katzen genutzt wurde. Er roch richtig ekelig, so dass kein Kind mehr hinein ging. Dann war da eine Rutsche, die schon bessere Zeiten gesehen hatte und ein Kinderkarussell, das so laut quietschte, das einem die Ohren abfielen, also nur fast.

Heute gibt es einen großen Sandkasten mit einem Dach, das jeder nach der Benutzung wieder runterkurbeln soll, und das lieben die Kids. Dann noch einen Wasserlauf, in dem man herrlich matschen kann und einen Kletterturm mit Rutsche. Für Heimo ist aber die Nestschaukel das Allerbeste.

Als wir heute dort ankommen, ist nur eine Mutter mit ihrer Tochter da, die im Sandkasten sitzt. Heimo steuert die Schaukel an und bittet mich, ihm da hinein zu helfen. Oh man, Heimo ist schon wieder schwerer geworden oder seine Muskeln sind schwächer. Heimo sagt: "Lass mich einfach reinfallen, das ist schon in Ordnung."

Er hat wohl gemerkt, dass es mir schwerer fällt als sonst. Er überspielt es mit Lachen und ruft: "Lucy, gib mir bitte Schwung." Lucy ist aber bei dem kleinen Mädchen und tröstet sie. Die Mutter ist in ihr Handy vertieft. Sie hat es gar nicht mitbekommen, dass Marla von einer Mücke gestochen wurde. Lucy nimmt die Kleine zum Wasserlauf mit und kühlt ihr die Händchen.

Die Mutter schaut immer noch nicht von ihrem Handy auf und sagt nur: "Spiel schön weiter, Marla."

Heimo jauchzt vor Vergnügen. Lucy kommt mit Marla und ich hebe sie zu Heimo in die Schaukel. Lucy hält sie fest und nun lacht die kleine Marla auch mit. Heimo kreischt: "Hanna mach die Schiffschaukel!"

"Nein Heimo, später, jetzt nicht." Nein, ich lasse die Schaukel keinen Überschlag machen, sondern nur ganz hoch schaukeln.

Die Mutter spricht zum Sandkasten, ohne den Blick vom Handy zu nehmen: „Marla, wir haben jetzt lange genug gespielt, wir müssen jetzt nach Hause."

Ich weiß nicht, welcher Schalk mich gepackt hat - ich gehe zur ausgestreckten Hand der Frau, nehme sie und sage: "Ja Mama, dass war echt schön, wie du mit mir gespielt hast."

Erst jetzt nimmt sie ihren Blick vom Handy und bekommt einen knallroten Kopf.

Sie lässt meine Hand entsetzt los und geht zur Schaukel, um Marla heraus zu heben, die natürlich nicht will.

Heimo schaut die Frau an und sagt: "Genießen Sie bitte jeden Moment mit Marla und statt Smileys und Herzchen auf dem Handy zu verschicken, schenken Sie Marla ein Lächeln und sagen ihr, dass sie sie lieb haben."

Im ersten Moment kann die Mutter nichts erwidern, aber dann antwortet sie: "Du hast vollkommen recht. Danke, dass du mich daran erinnert hast, dass ich Marla zeigen sollte, dass ich sie sehr lieb habe."

Sie verbringen alle gemeinsam noch eine Stunde auf dem Spielplatz und die Mutter spielt mit Marla und uns zusammen. Auf dem Nachhauseweg singen wir noch das Lied, dass Oma immer mit uns singt:

„Schön ist es auf der Welt zu sein, wenn die Sonne scheint für groß und klein. Du und ich..."

Die Heimo – Trilogie

Band 1

„Flaschenpost für die Seele"

Heimo ist 5 Jahre, als er erfährt, dass er lebensverkürzt erkrankt ist.

Das Buch erzählt, wie Heimo und die Familien-mitglieder mit der Krankheit umgehen. Heimos Schwester Hanna ist sieben. Sie plagen heftige Schuldgefühle, weil sie denkt, dass sie ihn verhext hat. Seine Schwester Lucy war bei der Diagnosestellung erst ein Jahr. Sie wird der Sonnenschein für Heimo, denn sie ist immer da, wenn er mal getröstet werden muss.

Das kommt nicht mehr so häufig vo, denn Heimo weiß von Licys Wiesenmännchen, wie es sin wird, wenn er stirbt.

In diesem Buch wird auch erzähltehlt, dass diese Situation nicht allein von Heimos Familie getragen werden muss, denn es gibt Institutionen, die hilfreich zur Seite stehen.

Band 2

„Lucy, Möppi und die Raben"

Lucy wird bald 6 Jahre.

Ihre Familie will für sie eine Geburtstagsparty gestalten. Lucys größter Wunsch ist es, dass ihr Bruder Heimo, der im Rollstuhl sitzt, mitfeiern kann.

In Opas Bastelhütte wird schon fleißig gewerkelt. Doch alles wird vor Lucy geheim gehalten. Keiner verrät ihr etwas.

Als es dann endlich soweit ist, ist sie total glücklich. Es wird eine unvergessliche Geburtstagsfeier.

Alle haben viel Spaß, sogar die traurige Nachbarin. Auch für ihre Freundin Zaida und deren Vater aus Syrien wird es ein freudiges und bewegendes Erlebnis.

Am Tag danach sagt Lucys ältere Schwester Hanna etwas ganz Wichtiges:

„Das Leben kann so schön sein. Warum vergessen wir das nur immer?"

Herstellung und Verlag:
BoD – Books on Demand, Norderstedt
ISBN: 9783757807085